RODOLFO REVIGLIO

IL ROSARIO, COMPENDIO DI TUTTO IL VANGELO

D1672045

ELLEDICI

*«La madre di Gesù
custodiva questi fatti,
meditandoli nel suo cuore»*
(*Luca* 2,19)

Disegni di Rosalia Mele

© 1999 Editrice ELLEDICI - 10096 Leumann (Torino)
ISBN 88-01-01493-7

INTRODUZIONE

«Il Rosario è la mia preghiera prediletta. Preghiera meravigliosa! Meravigliosa nella sua semplicità e nella sua profondità».

Così Giovanni Paolo II si è espresso in uno dei suoi primi pensieri dell'*Angelus*, il 29 ottobre 1978.

«Per sua natura – ci dice Paolo VI nell'Esortazione Apostolica "Marialis cultus" (n. 47) – *la recita del Rosario esige un ritmo tranquillo e quasi un indugio pensoso, che favoriscano nell'orante la meditazione dei misteri della vita del Signore, visti attraverso il cuore di Colei che al Signore fu più vicina, e ne dischiudano le insondabili ricchezze».*

In passato il santo Rosario (per la sua semplicità e perché modellato sui quindici misteri, ciascuno di dieci *Ave Maria* e che richiamavano i 150 salmi della «Liturgia delle Ore») veniva chiamato «il breviario dei fedeli»; oggi diremmo: «la preghiera dei poveri». Esso nacque e si diffuse quando la maggior parte dei cristiani erano analfabeti e le edizioni della Bibbia rarissime e non accessibili al popolo fedele.

Oggi – a partire dal rinnovamento biblico promosso dal Vaticano II – i cristiani vengono giustamente stimolati a leggere direttamente la Parola di Dio e a farne oggetto di meditazione e di preghiera. Tuttavia la preghiera del Rosario non perde nulla della sua originalità e della sua attualità. Per usare ancora un'espressione del papa dal citato discorso,

«... si può dire che il Rosario è, in un certo modo, un commento-preghiera dell'ultimo capitolo della Costituzione Lumen gentium *del Vaticano II, capitolo che tratta della mirabile presenza della Madre di Dio nel mistero di Cristo e della Chiesa».*

Tuttavia questa preghiera dobbiamo oggi perfezionarla, soprattutto allargandone gli orizzonti sulla ricchezza del mistero cristiano.

Scopo di questo libretto è di aiutare i cristiani a riscoprire appunto il mistero cristiano attraverso la preghiera del Rosario, rivisitando i molteplici e ricchi messaggi contenuti nei Vangeli.

Nella citata Esortazione Apostolica *Marialis cultus*, Paolo VI mette in evidenza

> *«l'indole evangelica del Rosario, in quanto dal Vangelo esso trae l'enunciato dei misteri e le principali formule; al Vangelo si ispira per suggerire, movendo dal gioioso saluto dell'angelo e dal religioso assenso della Vergine, l'atteggiamento con cui il fedele deve recitarlo; e del Vangelo ripropone, nel susseguirsi armonioso delle* Ave Maria, *un mistero fondamentale – l'incarnazione del Verbo –, contemplato nel momento decisivo dell'annuncio fatto a Maria. Preghiera evangelica è dunque il Rosario, come oggi forse più che nel passato amano definirlo i pastori e gli studiosi»* (n. 44).

Il Rosario ci fa meditare i misteri di Gesù con *Maria*. San Luca dice ripetutamente che Maria conservava in cuor suo e meditava i fatti riguardanti il suo figlio Gesù. Paolo VI, commentando a un'udienza generale (9 gennaio 1974) queste parole di san Luca, dice:

> *«Come una madre, e una tale madre, non poteva non rivivere nel pensiero il grande, personale avvenimento ch'ella aveva vissuto nella realtà della vitale esperienza? (...) La memoria dapprima, la coscienza poi, la comprensione in seguito, la meraviglia, la contemplazione, infine, non sono forse le fasi della vita spirituale della Madonna, assurta, anche sotto questo aspetto, ad esempio, a tipo del processo interiore che dovrebbe compiersi in ogni seguace di Cristo?».*

Memoria, coscienza, comprensione, meraviglia, contemplazione. Sono questi, nel pensiero di Paolo VI, i sentimenti che ebbe Maria di fronte ai misteri della vita di suo figlio. Questi possono essere i sentimenti che accompagnano anche noi durante il Rosario.

Quando le inviò il suo messaggio per mezzo di Gabriele, Dio non svelò a Maria tutte le profondità del mistero della redenzione. Le rivelò solo quel tanto che le bastasse per capire ciò che il Signore le chiedeva, in modo da poter dare una risposta cosciente e libera. Ma è certo che nel sì di Maria all'angelo c'era, accanto a una visione globale e al tempo stesso un po' incerta del domani, una grande fiducia nel Signore che la chiamava e la guidava. In seguito, man mano che Gesù cresceva, Maria interrogava i fatti e cercava di comprenderne il significato, alla luce delle parole dell'angelo e di quanto Gesù faceva e diceva.

Ogni parola di Gesù, ogni suo gesto, erano densi di amore, ma anche di dolore, di distacco, di rinuncia, di offerta, perché chiedeva a sua madre di staccarsi sempre più da lui, in modo da rendere più perfetta e totale la sua offerta per il mondo. Per lei, ogni nuovo avvenimento nella vita di suo figlio, ogni parola che lui pronunciava, diventava argomento di profonda meditazione e stimolo per un abbandono più completo. Si sentiva associata interamente a lui, in quest'opera di salvezza.

Con gli identici sentimenti anche noi siamo chiamati a meditare con Maria la vita di Gesù, le sue parole, i segni da lui compiuti, gli aspetti profondi della sua missione, le tappe più significative della sua vita dall'infanzia alla morte, la sua passione sfociante nella risurrezione e ascensione, i suoi incontri con gli apostoli, con i peccatori, con la gente più minuta, la sua preghiera, il suo dono eucaristico.

L'augurio pertanto è questo: che attraverso i 75 «misteri» proposti da questo libretto alla nostra meditazione-contemplazione arriviamo al Cuore di Cristo come vi è arrivata la sua madre Maria.

R.R.

Per farsi conoscere, Dio si è fatto bambino!

1. La nascita di Gesù

Maria diede alla luce il suo figlio primogenito, lo avvolse in fasce e lo depose in una mangiatoia, perché non c'era posto per loro nell'albergo.

Tu, o Dio, non vuoi vivere lontano da noi. Negli occhi semplici del bambino Gesù, nella limpida impotenza di quelle manine e di quei piedini c'era il segno della Tua Presenza! Sì: o Dio, tu sei Dio perché sai dire tutto te stesso in un Bambino!

2. La visita dei pastori: Gesù incontra i più poveri

L'angelo disse ai pastori: «Oggi vi è nato nella città di Davide il Cristo Signore. Questo per voi il segno: troverete un bambino avvolto in fasce, che giace in una mangiatoia».

Quando sei nato, ci hai dato il segno della tua divina Presenza: una stalla; hai fatto echeggiare nella notte i canti celesti, incantando i cuori di semplici pastori; hai messo a parte dei misteri divini non i ricchi, ma la povera gente.

3. Gesù neonato viene offerto al Padre

Quando venne il tempo della loro purificazione secondo la Legge di Mosè, portarono il bambino a Gerusalemme per offrirlo al Signore, come prescrive la legge del Signore.

Non saremmo capaci di offrirci al Padre, se tu, Gesù, non ce ne avessi dato l'esempio, la capacità, il desiderio e, infine, il comando. Ci hai insegnato a pregare non con le parole, ma con il sì del cuore.

4. L'adorazione dei Magi: Gesù incontra i popoli e le culture

La stella, che avevano visto nel suo sorgere, li precedeva, finché giunse e si fermò sopra il luogo dove si trovava il bambino. Entrati nella casa, videro il bambino con Maria sua madre e prostratisi lo adorarono. Poi aprirono i loro scrigni e gli offrirono in dono oro, incenso e mirra.

Accogliendo i Magi e ricevendo i loro regali, Gesù, hai in qualche modo incontrato tutti i popoli della terra, le loro culture e le loro religioni. Imitando te, noi cristiani abbiamo il compito di portare, con umiltà e bontà, il Vangelo ai popoli e alle culture, alle razze e alle religioni.

5. Dalla parte dei perseguitati e dei profughi: la fuga in Egitto

I magi erano appena partiti, quando un angelo del Signore apparve in sogno a Giuseppe e gli disse: «Alzati, prendi con te il bambino e sua madre e fuggi in Egitto, e resta là finché non ti avvertirò, perché Erode sta cercando il bambino per ucciderlo».

La storia umana si arricchisce, di secolo in secolo, di nuove testimonianze di barbarie e di schiavitù, di genocidi e di massacri; tu, Dio, hai scelto di calarti in questo carosello di morte, ma ti sei schierato dalla parte dei profughi e dei perseguitati politici: dalla parte dei popoli che sono costretti a emigrare lasciando terre, genitori e figli. La fuga in Egitto continua... Gesù, sei ancora una volta cacciato via!

La missione di Gesù

1. Il battesimo di Gesù: «Questi è il mio figlio prediletto»

In quel tempo, Gesù dalla Galilea andò al Giordano da Giovanni, per farsi battezzare da lui. (...) Appena battezzato, si aprirono i cieli ed egli vide lo Spirito di Dio scendere come una colomba e venire su di lui. Ed ecco una voce dal cielo che disse: «Questi è il Figlio mio prediletto, nel quale mi sono compiaciuto».

Il Battesimo è l'inizio della nostra fede. Quante volte ci ricordiamo del nostro Battesimo? Non dovremmo, ogni domenica e soprattutto a Pasqua, rinnovare i nostri impegni battesimali?

2. Le tentazioni nel deserto: il duello tra Luce e tenebre

Gesù fu condotto dallo Spirito nel deserto, per essere tentato dal diavolo. E dopo aver digiunato quaranta giorni e quaranta notti, ebbe fame. Il tentatore allora gli si accostò e gli disse: «Se sei Figlio di Dio, di' che questi sassi diventino pane». Ma egli rispose: «Sta scritto: "Non di solo pane vivrà l'uomo, ma di ogni parola che esce dalla bocca di Dio"».

Gesù, hai voluto essere tentato con le nostre stesse tentazioni: della ricchezza, del potere, dell'orgoglio. Ma hai vinto per noi, perché non sei il Dio dei ricchi, dei potenti e dei superbi: sei il Dio degli umili, dei poveri e dei piccoli!

3. Gesù inizia la sua predicazione, a Nazaret

Gesù si recò a Nazaret, entrò di sabato nella sinagoga e si alzò a leggere. Trovò il passo di Isaia dove era scritto: «Lo Spirito del Signore è sopra di me; per questo mi ha consacrato con l'unzione e mi ha mandato per annunziare ai poveri un lieto messaggio». Poi disse: «Oggi si è adempiuta questa Scrittura che voi avete udito con i vostri orecchi».

Gesù, hai aperto un nuovo colloquio tra Dio e l'umanità. La parola autentica di Dio è giunta fino a noi. Il dialogo parte da te che sei la Parola del Padre: ma noi abbiamo bisogno del dono dello Spirito, per saper ascoltare la tua parola, accoglierla e viverla.

4. Sul monte, Gesù rivela la sua divinità

Gesù prese con sé Pietro, Giacomo e Giovanni e li portò sopra un monte alto e si trasfigurò davanti a loro. Poi si formò una nube e uscì una voce dalla nube: «Questi è il Figlio mio prediletto: ascoltatelo!».

Dio, ci hai creati per farci partecipare alla tua gloria e alla tua gioia. Ma il tuo stesso figlio Gesù ha dovuto soffrire, per manifestare la potenza del tuo amore e della tua gloria. Gloria di Dio è Cristo. Gloria di Cristo è la Croce. Gloria della Croce è l'Amore!

5. La seconda venuta di Gesù: «Vieni, Signore Gesù!»

«Non sia turbato il vostro cuore. (...) Io vado a prepararvi un posto; quando sarò andato e vi avrò preparato un posto, ritornerò e vi prenderò con me, perché siate anche voi dove sono io».

Dio, non creeresti, se ciò che crei avesse come ultimo destino il nulla. Non avremmo ricevuto la vita, se questa non confluisse nella Vita eterna. Dio, ritorna, vieni e portaci con te per sempre! Qui riposa tutta la nostra speranza!

Le guarigioni operate da Gesù: egli si è caricato delle nostre sofferenze

1. Gesù libera dalla schiavitù di satana

In quel tempo fu portato a Gesù un indemoniato, cieco e muto, ed egli lo guarì. La folla sbalordita diceva: «Non è forse costui il figlio di Davide?». Ma Gesù disse loro: «Se io scaccio i demoni per lo Spirito di Dio, è certo giunto fra voi il regno di Dio!».

Oggi, la campagna mondiale in favore dell'aborto, della pornografia, della prostituzione, la pedofilia, il commercio delle armi sono gli scenari nei quali è all'opera «il mistero di iniquità». Ma tu, Gesù, sei più forte di satana. Siamo convinti che il diavolo ci insidia, ma noi ci affidiamo alla tua grazia, o Signore.

2. Gesù passa beneficando e risanando

Gesù percorreva tutte le città e i villaggi, insegnando nelle loro sinagoghe, predicando il vangelo del Regno e curando ogni malattia e infermità. Vedendo le folle, ne sentì compassione.

Se le malattie sono la conseguenza del peccato originale, le guarigioni operate da te, Gesù, sono il segno che sei venuto a riportare l'uomo alla sua prima immagine. Più ancora, sei venuto a rivelarci il Padre. Sono questi i servizi di amore che edificano la Chiesa e rendono visibile il tuo volto misericordioso.

3. Gesù, per operare guarigioni, sollecita la nostra fede

Una donna, che da dodici anni era affetta da emorragia e aveva molto sofferto per opera di molti medici, udito parlare di Gesù, venne tra la folla, alle sue spalle, e gli toccò il mantello. E all'istante le si fermò il flusso di sangue. Gesù disse: «Figlia, la tua fede ti ha salvata. Va' in pace e sii guarita dal tuo male».

Il tuo Vangelo è annuncio di salvezza, la guarigione ne è il segno. La fede che tu richiedi è una fede nella salvezza. Il tocco del lembo del mantello era poca cosa, soprattutto in mezzo alla calca della gente. Ma l'ardore di fede di quella donna ottenne da te la salvezza, o Signore!

4. Umiltà, nell'invocare l'aiuto di Gesù: «Non son degno»

Venne incontro a Gesù un centurione: «Signore, il mio servo giace in casa paralizzato». Gesù rispose: «Verrò e lo curerò». Ma il centurione riprese: «Signore, non sono degno che tu entri sotto il mio tetto, di' solo una parola e il mio servo sarà guarito».

A te, Gesù, è sufficiente «dire una parola», mentre le nostre parole sono troppe, e spesso vuote. Tu parli, e i mari e i venti ti ubbidiscono. Tu resisti ai superbi, ma la fede semplice degli umili ha un particolare potere sul tuo cuore e ottiene i miracoli.

5. Il nostro *grazie!* ai doni del Signore

Vennero incontro a Gesù dieci lebbrosi dicendo: «Gesù Maestro, abbi pietà di noi!». Gesù disse: «Andate a presentarvi ai sacerdoti». Mentre andavano, furono sanati. Uno di loro, vedendosi guarito, tornò indietro lodando Dio a gran voce per ringraziarlo. Era un Samaritano. Ma Gesù osservò: «Non sono stati guariti tutti e dieci? E gli altri nove, dove sono?».

11

Tutto in te, o Dio, è gratuito. Il tuo dono non dipende dal nostro «grazie». Siamo noi che abbiamo bisogno di ringraziarti, di dare cioè il giusto significato ai doni che ci elargisci! Solo così possiamo arrivare a comprendere, fin dove è possibile, la loro grandezza e la loro ricchezza.

Miracoli e prodigi... i «segni» di Gesù

1. Le opere compiute da Gesù ci portano a credere in lui

«Se non compio le opere del Padre mio, non credetemi; ma se le compio, anche se non volete credere a me, credete almeno alle opere, perché sappiate che il Padre è in me e io nel Padre».

Per capire il senso dei miracoli che hai operato, occorre essere umili e riconoscere che è la potenza del Padre a operare in te, Gesù. A queste condizioni il miracolo diventa come una luce intensissima che svela al nostro cuore il tuo Cuore divino!

2. L'acqua trasformata in vino alle nozze di Cana

Ci fu uno sposalizio a Cana, e c'era la madre di Gesù. Fu invitato anche Gesù con i suoi discepoli. Venuto a mancare il vino, la madre disse a Gesù: «Non hanno più vino». E Gesù: «Che ho da fare con te, o donna? Non è ancora giunta la mia ora». La madre dice ai servi: «Fate ciò che vi dirà». ...Gesù disse: «Riempite d'acqua le anfore»; le riempirono fino all'orlo... «Ora attingete e portatene al maestro di tavola».

A Cana hai fatto un miracolo per due sposini: così ci hai insegnato a cercare il tuo mistero di Salvatore non nei grandi avvenimenti, ma nell'amore, che sa rendere belle anche le cose più umili. Al miracolo hai voluto associare la Madre, per insegnarci a rivolgerci a lei con fiducia.

3. La tempesta placata

Gesù disse: «Passiamo all'altra riva». Si sollevò una gran tempesta. I discepoli dissero a Gesù: «Maestro, non t'importa che moriamo?». Gesù sgridò il vento e disse al mare: «Calmati!». Il vento cessò e vi fu bonaccia. Poi disse: «Perché siete così paurosi? Non avete ancora fede?».

Gesù, tu rimproveri gli apostoli per la loro poca fede, nonostante avessero già assistito a numerosi tuoi prodigi. Il cammino della Chiesa in duemila anni, pur in mezzo a tante vicende, non è forse una prova ancor maggiore che tu sei con noi? e perché non crediamo? ... abbiamo veramente capito chi sei, Gesù?

4. La moltiplicazione dei pani e dei pesci

Gesù vide che una grande folla veniva da lui e disse: «Dove possiamo comprare il pane perché abbiano da mangiare?». Gli disse uno dei discepoli: «C'è qui un ragazzo che ha cinque pani d'orzo e due pesci». Gesù prese i pani e, dopo aver reso grazie, li distribuì a quelli che si erano seduti, e lo stesso fece dei pesci, finché ne vollero.

L'episodio della moltiplicazione dei pani è un segno anticipatore dell'Eucaristia. Ma non solo. Tu ci inviti a guardare *più in là*, più *in su*, anzi: a guardare *dentro*. I miracoli ci conducono al Padre, alla Vita eterna, alla tua Risurrezione.

5. La pesca miracolosa

Gesù disse a Simone: «Prendi il largo e calate le reti». Simone rispose: «Maestro, abbiamo faticato tutta la notte e non abbiamo preso nulla; ma sulla tua parola getterò le reti». E avendolo fatto, presero una quantità enorme di pesci, che le reti si rompevano.

Il miracolo sta nell'abbondanza straordinaria di pesci accolti nell'umile rete del pescatore di Galilea. Ma non è forse un segno ancor maggiore il fatto che tu, Figlio di Dio, scegli come cattedra una povera barca per insegnare ai più poveri i misteri del Regno dei Cieli?

Gesù con le parabole svela i misteri del regno di Dio

1. La parabola del seme

Disse Gesù: «Il seminatore uscì a seminare. Una parte del seme cadde sulla strada e gli uccelli la divorarono. Un'altra cadde in luogo sassoso; subito germogliò ma, spuntato il sole, si seccò. Un'altra cadde sulle spine che la soffocarono. Un'altra cadde sulla terra buona e diede, dove il cento, il sessanta, il trenta».

La tua parola divina è contenuta soprattutto nei Vangeli, ma quanto tempo dedichiamo a leggerli, a meditarli? e soprattutto, fin dove abbiamo il coraggio di attuare nella nostra vita, nei pensieri, nei sentimenti e nelle parole i tuoi insegnamenti?

2. La parabola del buon samaritano

«Un uomo... incappò nei briganti che lo spogliarono, lasciandolo mezzo morto. Un sacerdote scendeva per quella strada e quando lo vide passò oltre. Anche un levita lo vide e passò oltre. Invece un Samaritano n'ebbe compassione. Gli si fece vicino, gli fasciò le ferite e si prese cura di lui. ...Chi di questi tre ti sembra sia stato il prossimo di colui che è incappato nei briganti?»...

Gesù, con questa parabola hai privilegiato lo straniero disprezzato, rispetto agli addetti al culto che – per motivi di purità legale – hanno girato alla larga; inoltre hai affermato che il prossimo non è *l'altro*, ma *sono io*, nella misura in cui *mi faccio prossimo*.

3. Parabola del fariseo e del pubblicano

«*Due uomini salirono al tempio a pregare. Il fariseo, stando in piedi, pregava così tra sé: "O Dio, ti ringrazio che non sono come gli altri uomini, ladri, ingiusti, adulteri...". Il pubblicano invece si batteva il petto: "O Dio, abbi pietà di me peccatore". ...Chi si esalta sarà umiliato e chi si umilia sarà esaltato*».

Con questa parabola ci inviti, Gesù, a fare atti di umiltà, anzi: ad avere l'*abitudine* dell'umiltà; più ancora: ad *amare* l'umiltà! Tutto questo otteniamo, se siamo disposti a camminare con te per la via dell'umiliazione: accettata, capita, amata.

4. Il padre misericordioso perdona il figlio prodigo

«*Un uomo aveva due figli. Il più giovane... partì per un paese lontano e là sperperò le sue sostanze, vivendo da dissoluto... "Mi alzerò e andrò da mio padre"... Quando era ancora lontano, il padre lo vide e commosso gli corse incontro, gli si gettò al collo e lo baciò... "Padre, ho peccato contro il Cielo e contro di te; non sono più degno di esser chiamato tuo figlio". Ma il padre disse ai servi: "Presto, portate qui il vestito più bello..., mettetegli l'anello al dito e i calzari ai piedi". E cominciarono a far festa*».

Padre, tu impazzisci di gioia, al primo cenno del nostro pentimento: ci corri incontro, ci abbracci e ci baci. Il sacramento della riconciliazione è la festa tua, festa che vuoi estendere a tutta la Chiesa. Chi non perdona non sa godere del perdono di Dio!

5. Le orge dei ricchi e la fame dei poveri

«Un uomo ricco banchettava tutti i giorni lautamente. Lazzaro giaceva alla sua porta, bramoso di sfamarsi di quello che cadeva dalla mensa del ricco. Un giorno il povero morì e fu portato nel seno di Abramo. Morì anche il ricco e fu sepolto. Stando nell'inferno tra i tormenti, vide Abramo, e Lazzaro accanto a lui».

Chi ha, vuole avere sempre di più, e non riesce quasi mai a tornare indietro. Il ricco e il povero sono oggi intere nazioni e continenti. La solidarietà aiuta i fratelli affamati nelle necessità immediate; ma la vera *solidarietà* si chiama *giustizia*.

Gesù maestro
ci offre i suoi insegnamenti

1. Il *manifesto* di Gesù: «Beati voi!»

Gesù disse: «Beati voi poveri, perché vostro è il regno di Dio... Rallegratevi in quel giorno ed esultate, perché ecco: la vostra ricompensa è grande nei cieli».

Le Beatitudini, come le hai vissute tu, Gesù:
• Beati i poveri in spirito, perché di essi è il Regno dei cieli.
Il Figlio dell'uomo non ha dove posare il capo (Mt 8,20).
• Beati gli afflitti, perché saranno consolati.
La mia anima è triste fino alla morte (Mt 26,38).
• Beati i miti, perché erediteranno la terra.
Imparate da me, che sono mite e umile di cuore (Mt 11,29).

2. «Se non diventate come bambini...»

«In verità vi dico: se non vi convertirete e non diventerete come i bambini, non entrerete nel Regno dei cieli. Perciò chiunque diventerà piccolo come questo bambino, sarà il più grande nel Regno dei cieli. E chi accoglie anche uno solo di questi bambini in nome mio, accoglie me».

Un Vangelo che privilegiasse i ricchi lo troveremmo ingiusto. Un Vangelo che si schierasse dalla parte degli oppressori ci farebbe inorridire. Un Vangelo che mettesse in vista i primi, i più in gamba, i baciati dalla fortuna, ci umilierebbe e ci allontanerebbe da te, o Gesù. La lezione del tuo Vangelo è: insegnare *tacendo*, guidare *obbedendo*, chiedere *offrendo*, correggere *amando*, essere superiori *facendoci piccoli*.

3. Gesù ci rivela il Padre

«Nessuno viene al Padre se non per mezzo di me. Se conoscete me, conoscerete anche il Padre; fin da ora lo conoscete e lo avete veduto... Chi ha visto me ha visto il Padre!».

Gesù, sei una sola cosa con il Padre: questa identità profonda, questa comunione senza segreti è il vero e l'unico messaggio che ci hai comunicato. E ce l'hai insegnato con una vita semplice e con parole umili. La tua umiltà si china fino al nostro orecchio per sussurrarci il Padre, bussa al nostro cuore perché lo apriamo al Padre.

4. Gesù rivela se stesso ai piccoli e agli umili

«Ti benedico, o Padre, Signore del cielo e della terra, perché hai tenuto nascoste queste cose ai sapienti e agli intelligenti e le hai rivelate ai piccoli. Sì, o Padre, perché così è piaciuto a te... Venite a me voi tutti che siete affaticati e oppressi e io vi ristorerò... Imparate da me che sono mite e umile di cuore».

Come possiamo parlare di te, Gesù? Solo il Padre ci può rivelare il tuo mistero di amore, la tua vita, a patto che ci facciamo piccoli e umili!

5. Gesù rivela lo Spirito Santo

«Quando verrà il Consolatore che io vi manderò dal Padre, egli mi renderà testimonianza; e anche voi mi renderete testimonianza. Quando verrà lo Spirito di verità, egli vi guiderà alla verità tutta intera».

Gesù, tu hai aperto su di noi l'indicibile mistero di Dio. Ci sveli lo «Spirito di verità», che ci fa conoscere la verità di Dio; lo chiami «Consolatore», perché ci difende e ci dona la pace. Lo Spirito è la santità del Padre e tua, è l'Amore nel quale tu e il Padre vi donate l'uno all'altro.

Incontri vivi con Gesù

1. Gesù incontra i primi discepoli

Gesù si voltò e disse (ad Andrea e Giovanni): «Che cercate?». Gli risposero: «Maestro, dove abiti?». Disse loro: «Venite e vedrete». Andarono dunque e videro dove abitava e quel giorno si fermarono presso di lui; erano circa le quattro del pomeriggio.

Nei due discepoli Giovanni e Andrea, è tutta l'umanità che va in cerca di un senso della vita, di una Persona che porti in sé la garanzia della verità. Nella convulsa vita di oggi, ci ammassiamo e ci urtiamo ogni giorno, ma non siamo più capaci di incontrarci, di ascoltarci, di stare insieme, di amarci. Gesù, tu dove abiti?

2. L'incontro di Gesù con la Samaritana

Disse Gesù alla Samaritana: «Dammi da bere». Ma ella gli disse: «Come mai tu, che sei Giudeo, chiedi da bere a me che sono una donna samaritana?». Gesù le rispose: «Se tu conoscessi il dono di Dio e chi è colui che ti dice: Dammi da bere!, tu stessa gliene avresti chiesto ed egli ti avrebbe dato acqua viva».

L'incontro con te, o Gesù, non è mai confronto con una verità astratta, ma compenetrazione di persone vive, che si amano. «Non mi basta *sapere* che Tu esisti: ho bisogno di *sentire* che Tu vivi in me. Non mi basta *sapere* che Tu mi ami: ho bisogno di *sentirmi* amato da Te».

3. Betania, casa ospitale per incontrare e ascoltare Gesù

Gesù entrò in un villaggio e una donna, Marta, lo accolse nella sua casa. Essa aveva una sorella, di nome Maria la quale, sedutasi ai piedi di Gesù, ascoltava la sua parola; Marta invece era tutta presa dai molti servizi. Gesù disse: «Marta, Marta, tu ti preoccupi e ti agiti per molte cose, ma una sola è la cosa di cui c'è bisogno. Maria si è scelta la parte migliore, che non le sarà tolta».

Saper parlare è un dono di molti, saper tacere è una saggezza di pochi, saper ascoltare, una generosità di pochissimi. Nel dialogo con te, o Dio, la parola più importante è la tua: a noi conviene ascoltare, piuttosto che dire; aprire il cuore, prima della bocca; fare spazio alla tua azione, piuttosto che «fare tante cose».

4. Colui che era cieco dalla nascita incontra la Luce

Gesù vide un uomo cieco dalla nascita e gli disse: «Va' a lavarti nella piscina di Siloe». Quegli andò, si lavò e tornò che ci vedeva... Gesù poi gli disse: «Tu credi nel Figlio dell'uomo?». Ed egli disse: «Io credo, Signore!».

Se non ci fosse la luce, non ci sarebbero nemmeno le tenebre. Incontrarti, Gesù, porta con sé di dover prendere una decisione estrema: o accettiamo la tua Luce e camminiamo nella tua Luce, o ci condanniamo alle tenebre senza fine.

5. L'incontro con Zaccheo

Gesù disse: «Zaccheo, oggi devo fermarmi a casa tua»... Zaccheo, alzatosi, disse al Signore: «Ecco, Signore, io do la metà dei miei beni ai poveri; e se ho frodato qualcuno, restituisco quattro volte tanto». Gesù gli ri-

spose: «Oggi la salvezza è entrata in questa casa, perché anch'egli è figlio di Abramo».

Gli incontri con te, Signore, hanno sempre una dimensione di salvezza. Agostino, quando si convertì, scrisse, rivolgendosi a te: «Tu eri dentro di me, ma io ero fuori. Mi hai chiamato, hai gridato, hai infranto la mia sordità. Mi hai abbagliato, mi hai folgorato e hai guarito la mia cecità».

Essere perdonati da Gesù!

1. Gesù perdona il paralitico

Vedendo la loro fede Gesù disse: «Ti sono rimessi i peccati». E soggiunse: «Perché sappiate che il Figlio dell'uomo ha il potere in terra di rimettere i peccati, "àlzati – disse al paralitico – prendi il tuo letto e va' a casa tua"». Ed egli si alzò e andò a casa sua.

Il paralitico cercava la guarigione, ma tu, Gesù, gli dai di più: gli dai anche il perdono, e glielo dai dopo aver visto la fede dei suoi accompagnatori: così molti peccatori sono perdonati, se nella Chiesa ci sono tanti credenti che si fanno solidali: la fede di alcuni ottiene il perdono di altri: non è stupendo tutto questo?

2. Gesù perdona l'adultera

«Maestro, questa donna è stata sorpresa in flagrante adulterio. Ora Mosè, nella Legge, ci ha comandato di lapidare donne come questa. Tu che ne dici?»... Ma Gesù disse loro: «Chi di voi è senza peccato, scagli per primo la pietra contro di lei». Poi Gesù le disse: «Non ti condanno, va' e d'ora in poi non peccare più».

Da una parte abbiamo gli uomini: peccatori ma pronti a condannare i loro simili. Dall'altra abbiamo te, Gesù: innocente e, proprio per questo, amico dei peccatori e desideroso soltanto di attirarli verso la tua innocenza e il tuo amore, la tua santità: tu sei infinita misericordia, tutto proteso verso il perdono.

3. Al ladro pentito Gesù promette il paradiso

Uno dei malfattori appesi alla croce insultava Gesù: «Non sei tu il Cristo? Salva te stesso e anche noi». Ma l'altro disse: «Gesù, ricordati di me quando entrerai nel tuo regno». Gli rispose: «In verità, ti dico: oggi sarai con me in paradiso».

Il tuo perdono, Signore, va a scovare la più piccola scintilla di bontà, anzi: infinite volte la susciti nei cuori più duri e incattiviti. Il perdono chiesto dal ladro pentito è come la eco del ritorno di quel figlio prodigo, e il paradiso promesso è la «festa eterna» che tu, Padre, allestisci per tutti i perdonati.

4. Gesù perdona Pietro che l'ha rinnegato

Gesù disse a Simon Pietro: «Simone di Giovanni, mi ami tu più di costoro?». Gli rispose: «Certo, Signore, lo sai che ti amo». Gli disse: «Pasci i miei agnelli».

La straordinaria fiducia che guida la Chiesa da duemila anni si fonda sulla constatazione di essere stata affidata da te, Signore, non all'innocenza di uomini impeccabili, ma al pentimento di uomini peccatori, umili però e confidenti. La Chiesa sarà sempre un popolo di peccatori, ma pentiti e anelanti ad amare.

5. Perdonarci tra noi, per essere perdonati da Dio

Pietro si avvicinò a Gesù e gli disse: «Signore, quante volte dovrò perdonare al mio fratello, se pecca contro di me? fino a sette volte?». E Gesù gli rispose: «Non ti dico fino a sette, ma fino a settanta volte sette... Se voi infatti perdonerete agli uomini le loro colpe, il Padre vostro celeste perdonerà anche a voi».

Il perdono fraterno è quasi una scalata alla vetta del perdono di Dio! Noi non possiamo imitarti, o Dio, nel creare, ma possiamo imitarti nel perdonare. Tu manifesti la tua onnipotenza soprattutto perdonando e usando misericordia.

«Maestro, insegnaci a pregare...»

1. Prega veramente chi fa la volontà del Padre

«Non chiunque mi dice: "Signore!, Signore!" entrerà nel regno dei cieli, ma chi fa la volontà del Padre mio che è nei cieli».

Ecco la preghiera di chi fa la tua Volontà: «Prendo dalla tua mano – o Dio – ogni evento, lieto o triste e benedico il tuo Nome. Non mi preoccupo del domani, perché le cose e il tempo sono nelle tue mani. Diffido di me e mi affido alla tua fedeltà, per stupirmi ogni giorno dei tuoi doni. Faccio ogni giorno dono della mia vita, accogliendo con ugual pace salute e malattia, onori e umiliazioni, vita e morte».

2. «Bisogna pregare sempre...»

«Dio non farà forse giustizia ai suoi eletti che gridano giorno e notte verso di Lui? Li farà a lungo aspettare? Vi dico che farà loro giustizia prontamente».

Senza la preghiera, la tua vita, Gesù, non avrebbe senso. Per fare tante cose, non avevamo forse bisogno di te, ma per fare della nostra vita una preghiera, ci sei necessario. Ed è proprio questo la preghiera cristiana: tu, Gesù, che vivi in noi mediante il tuo Spirito, e in noi dici «Sì, Padre!». In questo senso ci inviti a pregare *sempre*.

3. «Prega il Padre tuo nel segreto»

«Tu, quando preghi, entra nella tua camera e, chiusa la porta, prega il Padre tuo nel segreto; e il Padre tuo, che vede nel segreto, ti ricompenserà».

La preghiera come conversione dall'io al Tu di Dio: «Invece di guardare me, le mie cose, le mie vicende, guardo Te, cerco il tuo sguardo, ascolto la tua parola. Invece di riflettere sulle mie disavventure, umiliazioni e croci, penso alle tue sofferenze, alla tua umiliazione e alla tua croce. Prima di preoccuparmi di far crescere in me l'amore, mi soffermo a contemplare il tuo modo e la tua misura di amare».

4. Una preghiera piena di fede

Gesù disse loro: «Abbiate fede in Dio! In verità vi dico: tutto quello che domandate nella preghiera, abbiate fede di averlo ottenuto e vi sarà accordato».

Pregare con fede è immergerci in te, Dio infinitamente Santo, guardare tutti i nostri problemi con il tuo occhio e volerli risolvere con il tuo cuore. Per questo, la preghiera di domanda – se fatta nel modo giusto – non è un voler piegare te ai nostri punti di vista, ma è uno scoprire, un imparare, un adeguarci a quello che tu, o Dio, vuoi. La preghiera non cambia te, cambia noi!

5. La preghiera di Gesù

Gesù, alzati gli occhi al cielo, disse: «Padre, è giunta l'ora, glorifica il Figlio tuo, affinché il Figlio glorifichi te. ...Io ti ho glorificato sopra la terra, compiendo l'opera che mi hai dato da fare».

La tua preghiera, Gesù, è una lode di quella Gloria che si sarebbe manifestata sulla Croce. È una sottomissione totale al Padre e alla Sua Volontà. È una preghiera ardente per i discepoli, preghiera trepida perché tu stai per lasciarli. È una preghiera perché il mondo creda. È soprattutto una preghiera per l'Unità della Chiesa: un'Unità fondata sull'Unità divina dei Tre, un'Unità indispensabile perché il Vangelo sia creduto.

L'Eucaristia,
dono e consegna per la Chiesa

1. Gesù promette il dono dell'Eucaristia

Gesù disse: «Se non mangiate la carne del Figlio dell'uomo e non bevete il suo sangue, non avrete in voi la vita. Chi mangia la mia carne e beve il mio sangue ha la vita eterna e io lo risusciterò nell'ultimo giorno».

Mangiando con fede il Pane eucaristico e bevendo al calice, noi veniamo trasformati in te, o Cristo. Ma perché questa trasformazione sia reale e perenne, dobbiamo ravvivare sempre la nostra fede.

2. Gesù lava i piedi agli apostoli

Mentre cenavano, Gesù si alzò da tavola, depose le vesti e, preso un asciugatoio, se lo cinse attorno alla vita. Poi versò dell'acqua in un catino e cominciò a lavare i piedi dei discepoli e ad asciugarli con l'asciugatoio di cui si era cinto.

Gesù, hai lavato i piedi agli apostoli durante l'ultima cena, per insegnarci che l'Eucaristia non è solo «dono» di Dio a noi, ma deve farsi anche umile e generoso «servizio ai fratelli».

3. Nell'Eucaristia «facciamo memoria» di Cristo

Quando fu l'ora, Gesù prese posto a tavola e gli apostoli con lui, e disse: «Ho desiderato ardentemente mangiare questa Pasqua con voi, prima della passione». Poi,

31

preso un pane, rese grazie, lo spezzò e lo diede loro dicendo: «Questo è il mio corpo che è dato per voi; fate questo in memoria di me». Allo stesso modo, dopo aver cenato, prese il calice dicendo: «Questo calice è la nuova alleanza nel mio sangue, che viene versato per voi».

«In memoria di me!». Come dimenticare quel dono? Come dimenticare il donatore? Come dimenticare il cenacolo, il Getsemani, il sinedrio, il pretorio, il Calvario, la croce, il sepolcro? C'è un fatto che l'umanità non dovrà mai dimenticare, ed è il dono, l'amore di Cristo!

4. Nell'ultima Cena Gesù ci dà il comando dell'amore

«Come il Padre ha amato me, così anch'io ho amato voi. Rimanete nel mio amore. Nessuno ha un amore più grande di questo: dare la vita per i propri amici. Voi siete miei amici... Non vi chiamo più servi: vi ho chiamati amici, perché tutto ciò che ho udito dal Padre l'ho fatto conoscere a voi».

Nell'ultima cena, Gesù, ci hai dato tre consegne, che sono un vero testamento, una vera alleanza: di farci servi gli uni degli altri (*lavanda dei piedi*), di amarci scambievolmente, di «fare memoria di Te» nella Cena eucaristica. Le tre consegne si unificano in quel *come*: «come» ci hai amato!

5. L'Eucaristia, sacramento dell'unità della Chiesa

Poiché c'è un solo Pane (eucaristico), noi – pur essendo molti – siamo un corpo solo: tutti infatti partecipiamo dell'unico Pane.

L'unità dei discepoli è l'aspetto più importante e drammatico che caratterizza l'Eucaristia, al punto di essere il suo stesso fine ultimo! Questa unità è la sintesi della nostra fede e della nostra salvezza: il Pane unico, diviso fra tutti, vuole ricomporre tutti in unità. Le divisioni tra di noi sono ferite inferte all'unità del Corpo di Cristo!

11° QUADRO
La scelta dei poveri di Gesù

1. Gesù, «da ricco che era, si è fatto povero per noi»

Conoscete la grazia del Signore nostro Gesù Cristo: da ricco che era, si è fatto povero per voi, perché voi diventaste ricchi, per mezzo della sua povertà.

Per comprendere la povertà di Gesù e per comprenderla come messaggio che ci viene proposto da Dio, dobbiamo partire dalla contemplazione di lui, della sua vita e della sua morte, delle sue parole e dei suoi gesti e di lì risalire all'eterno progetto di Dio che proclama beata la «povertà in spirito».

2. Il ricco che non sa spogliarsi delle sue ricchezze

Un tale corse incontro a Gesù e gli domandò: «Maestro buono, che cosa devo fare per avere la vita eterna?»... Gesù, fissatolo, lo amò e gli disse: «Una cosa sola ti manca: va', vendi quello che hai e dàllo ai poveri; poi vieni e seguimi». Ma egli, rattristatosi per quelle parole, se ne andò afflitto, poiché aveva molti beni.

Il fatto di essere ricchi è spesso una disgrazia, perché le ricchezze danno il capogiro e fanno perdere di vista il Vangelo. Perciò ai ricchi bisogna sapere star vicini e aiutarli a capire. A noi spetta testimoniare la povertà, viverla, amarla, soffrirla.

3. «Cercate prima il regno di Dio e la sua giustizia»

«Per la vostra vita non affannatevi di quello che mangerete o berrete, e neanche per il vostro corpo, di quello che indosserete; chi di voi, per quanto si dia da fare, può aggiungere un'ora sola alla sua vita? Non affannatevi dunque dicendo: Che cosa mangeremo? Che cosa berremo? Che cosa indosseremo?».

Tutta la vita dell'uomo è una ricerca, perché il Signore creandoci, ci ha dato tutto, ma tutto ha nascosto perché noi lo cercassimo e lo scoprissimo come dono, perché ci aprissimo alla speranza e ci fidassimo di Lui.

4. L'obolo della vedova

Alzati gli occhi, Gesù vide alcuni ricchi che gettavano le loro offerte nel tesoro. Vide anche una vedova povera che vi gettava due spiccioli e disse: «In verità vi dico: questa vedova, povera, ha messo più di tutti. Tutti costoro infatti han deposto – come offerta – del loro superfluo, questa invece – nella sua miseria – ha dato tutto quanto aveva per vivere».

La povertà evangelica è frutto e segno dell'amore. Ma l'amore è *senza misura*. Mettere una misura all'amore significa non aver capito l'amore. La povera vedova amava veramente. Perciò non ha dato né *poco*, né *molto*: ha dato *tutto*!

5. Chi serve i poveri serve Gesù

Sei giorni prima della Pasqua, Gesù andò a Betania e qui gli fecero una cena: Marta serviva e Lazzaro era uno dei commensali. Maria allora, presa una libbra di olio profumato di vero nardo prezioso, cosparse i piedi di Gesù. Gesù disse: «Lasciatela fare, perché lo conservi per il giorno della mia sepoltura. I poveri infatti li avete sempre con voi, ma non sempre avete me».

I poveri li abbiamo, perché abbiamo Gesù; e se i poveri non li amiamo e non li serviamo come li servirebbe Gesù, e se nell'amare e nel servire i poveri non vediamo lo stesso Gesù, la nostra non è opera evangelica. Il motivo che ci avvicina ai poveri non è di tipo prevalentemente economico, ma è l'amore appassionato e totale che abbiamo ricevuto da Gesù e che a Gesù restituiamo: «l'avete fatto a Me!».

12° QUADRO
La passione di Gesù
dà la misura dell'amore

1. «Ecco, noi saliamo a Gerusalemme...»

Gesù disse ai Dodici: «Noi saliamo a Gerusalemme e il Figlio dell'uomo sarà consegnato ai pagani, schernito, oltraggiato, coperto di sputi; e, dopo averlo flagellato, lo uccideranno e il terzo giorno risorgerà».

Gesù sa che cosa lo attende a Gerusalemme: vuole anzi assaporare in anticipo quella prova, per un verso terribilmente tragica e, per un altro aspetto, da lui desiderata come l'occasione preziosa di dimostrarci «fin dove ci ha amati».

2. L'agonia del Getsemani

Giunti al Getsemani, Gesù disse ai suoi discepoli: «La mia anima è triste fino alla morte. Restate qui e vegliate». Poi, andato un po' innanzi, si gettò a terra e pregava che, se fosse possibile, passasse da lui quell'ora..: «Padre, tutto è possibile a te, allontana da me questo calice! Però, non ciò che io voglio, ma ciò che vuoi tu».

Come si fa a misurare la tristezza di Cristo? Più il cuore ama, più è sensibile alla minima ferita causata dall'odio. Il Cuore di Cristo – perché immerso nell'infinito Amore divino – ha voluto provare l'abisso dell'ingratitudine e della perfidia, per mettersi accanto a noi e risalire con noi verso la purissima Luce. Per questo ci chiede di vegliare un'ora con lui!

3. Castigato, percosso da Dio e umiliato: «Ecco l'Uomo»

Gesù uscì, portando la corona di spine e il mantello di porpora, e Pilato disse loro: «Ecco l'Uomo!». Al vederlo, i sommi sacerdoti e le guardie gridarono: «Crocifiggilo! Crocifiggilo!».

Un Dio sconfitto dall'uomo! Dio ha voluto crearlo libero, pur sapendo che l'uomo l'avrebbe sconfitto. Adamo gli ha detto di no, Caino ha ucciso il fratello... *Allora Dio si è fatto Egli stesso Uomo!* Ma Erode ha cercato di ucciderlo, Giuda lo ha tradito e Pietro l'ha rinnegato; i «suoi» l'hanno ucciso!

4. «Padre, nelle tue mani consegno il mio spirito!»

Dopo aver ricevuto l'aceto, Gesù disse: «Tutto è compiuto!». E chinato il capo, consegnò lo spirito.

Davanti a te, Gesù umiliato e crocifisso, non vogliamo difendere il nostro onore, non vogliamo sostenere le nostre ragioni, non vogliamo scusare i nostri errori, non vogliamo nascondere i nostri peccati, non vogliamo pretendere nessun riconoscimento, non vogliamo giudicare nessuno. Vogliamo solo riconoscere di essere peccatori, bisognosi della tua Misericordia!

5. «Chi non porta la croce con Me non è degno di Me!»

«Chi non prende la sua croce e non mi segue non è degno di me. Chi avrà trovato la sua vita la perderà, e chi avrà perduto la sua vita per causa mia, la troverà».

Il Figlio di Dio fatto uomo «umiliò se stesso assumendo la condizione di servo, facendosi obbediente fino alla morte, e alla morte di croce»; non si vergognò di accogliere i peccatori, privilegiò i poveri e i pezzenti, i lebbrosi e gli indemoniati e si mescolò con la folla anonima e disprezzata dai potenti. Si lasciò trascinare davanti ai tribunali e subì i castighi dei delinquenti. Ma in questo modo ci ha aperto la strada della vera Vita, e in Lui anche noi siamo diventati *figli di Dio*!

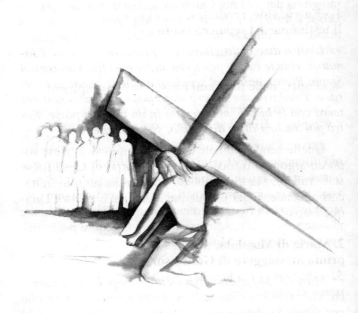

Gesù Cristo è «il risorto»

1. «Entrò, vide, credette».
Il testimone del sepolcro vuoto

L'altro discepolo giunse per primo al sepolcro. Chinatosi, vide le bende per terra, ma non entrò. Giunse poi Simon Pietro, entrò nel sepolcro e vide le bende per terra, e il sudario che gli era stato posto sul capo non per terra con le bende, ma piegato in un luogo a parte. Entrò poi anche l'altro discepolo: vide e credette.

Quelle bende ordinate e il sudario messo da parte sono un argomento fortissimo: se il corpo di Gesù fosse stato rubato, i ladri avrebbero portato via tutto in fretta: corpo, bende, sudario. Dunque... dunque è risorto! Dunque è vivo!

2. Maria di Magdala,
prima messaggera di Gesù risorto

Maria di Magdala stava vicino al sepolcro e piangeva. Vide Gesù che stava lì in piedi; ma non sapeva che era Gesù. Le disse Gesù: «Donna, perché piangi? Chi cerchi?». Gesù le disse: «Maria!». Essa allora, voltatasi verso di lui, gli disse: «Maestro!». Gesù le disse: «Va' dai miei fratelli e di' loro: Io salgo al Padre mio e Padre vostro, Dio mio e Dio vostro».

La Chiesa, nell'annunciare la risurrezione, si fonda sulla testimonianza di persone che hanno visto e mangiato e bevuto con Lui. Questa testimonianza ha, per primo anello, una donna: Maria di Magdala, che ha veduto con i propri occhi il Risorto.

3. Gesù appare ai discepoli di Emmaus

...ed egli disse loro: «O stolti e tardi di cuore nel credere alla parola dei profeti! Non bisognava che il Cristo sopportasse queste sofferenze per entrare nella sua gloria?». Quando fu a tavola con loro, prese il pane, disse la benedizione, lo spezzò e lo diede loro. Ed ecco si aprirono loro gli occhi e lo riconobbero.

Nei due discepoli di Emmaus vediamo una comunità senza speranza, immagine della cultura d'oggi e della fede di non pochi cristiani. Una fede senza speranza è morta: è la speranza che dà vita alla fede! Quante nostre Eucaristie sono spente, senza speranza! Non si sente la presenza del Risorto!

4. Gesù appare agli Apostoli, la sera di Pasqua

Venne Gesù, stette in mezzo a loro e disse: «Pace a voi! Come il Padre ha mandato me, anch'io mando voi. ...Ricevete lo Spirito Santo. A chi perdonerete sarà perdonato».

Già alla sera di quel giorno, «il primo dopo il sabato», Gesù risorto dona lo Spirito Santo. In questo momento di salvezza, vediamo operare insieme Gesù e lo Spirito, vediamo accomunate la pace e la remissione dei peccati, vediamo intrecciarsi la gioia degli apostoli e i segni delle ferite. È un grosso invito a credere!

5. L'Ascensione di Gesù: assenza e presenza

Il Signore Gesù, dopo aver parlato con loro, fu assunto in cielo e sedette alla destra di Dio. Allora essi partirono e predicarono dappertutto, mentre il Signore operava insieme con loro e confermava la parola con i prodigi che l'accompagnavano.

L'ascensione di Gesù al cielo ci trasmette un mistero molto profondo: l'assenza e al tempo stesso la presenza del Signore in mezzo a noi. Non possiamo più *udirlo, vederlo con i nostri occhi, toccarlo con le nostre mani.* Ma Egli «sarà sempre con noi fino alla fine del mondo». «Vieni, Signore Gesù!». «Sì, verrò presto!».

Maria nel mistero di Gesù

1. L'annuncio dell'angelo Gabriele a Maria

«Rallegrati, o piena di grazia, il Signore è con te... Non temere, Maria, perché hai trovato grazia presso Dio. Ecco, concepirai un figlio, lo darai alla luce e lo chiamerai Gesù... Lo Spirito Santo scenderà su di te e la potenza dell'Altissimo stenderà su di te la sua ombra. Colui che nascerà sarà dunque "Santo", e verrà chiamato Figlio di Dio». «Eccomi, sono la serva del Signore, avvenga di me quello che hai detto».*

Per parte di Dio c'è l'abbassamento infinito, l'annientamento che arriverà fino alla morte. Dalla parte della creatura c'è l'esaltazione della Donna, novella e vera Eva, che entra a far parte determinante dell'eterno Progetto di Dio. Maria ha adorato e, nel silenzio, si è lasciata inabitare dallo Spirito Santo.

2. Maria va a far visita e ad aiutare la cugina Elisabetta

«Benedetta tu fra le donne e benedetto il frutto del tuo grembo! A che debbo che la madre del mio Signore venga a me? Ecco, appena la voce del tuo saluto è giunta ai miei orecchi, il bambino ha esultato di gioia nel mio grembo. E beata colei che ha creduto nell'adempimento delle parole del Signore».

Il Dio che per suo Figlio ha scelto una greppia e la compagnia di umili pastori, che gli ha fatto conoscere fin dall'infanzia la persecuzione e l'esilio, ha voluto però che accanto gli fossero donne benedette e benedicenti, per insegnarci che la prima risposta dell'uomo a Dio e ai suoi doni è sempre e solo la benedizione, la lode, la gioia, l'esultanza, il *grazie*!

3. Maria custodisce nel cuore i misteri del Figlio

«Figlio, perché ci hai fatto così? Ecco, tuo padre e io, angosciati, ti cercavamo». «Perché mi cercavate? Non sapevate che io devo occuparmi delle cose del Padre mio?». Essi non compresero le sue parole. Ma sua madre serbava tutte queste cose nel suo cuore.

Con quella risposta misteriosa, il Signore chiede a Maria e a Giuseppe l'umiltà dell'incertezza e la pazienza del cercare, e al tempo stesso insegna loro il primato della Volontà del Padre, al quale egli pure si sottometterà, nella Passione.

4. Maria ai piedi della croce

Gesù, vedendo la madre e lì accanto il discepolo che egli amava, disse alla madre: «Donna, ecco il tuo figlio!». Poi disse al discepolo: «Ecco la tua madre!». E da quel momento il discepolo la prese nella sua casa.

Maria, tu sei stata data a noi come madre, dal tuo stesso Figlio Gesù, nel momento della sua morte, in testamento perenne. Ci sei diventata madre, perché siamo discepoli del tuo figlio. È Gesù che vuole questo: tu nella nostra casa, cioè in noi. Ci sentiamo appartenenti a te, diventati *cosa tua* e tu *cosa nostra*.

5. Unanimi e perseveranti nella preghiera, con Maria

Allora ritornarono a Gerusalemme e salirono al piano superiore dove abitavano. Tutti erano assidui e concordi nella preghiera, insieme con alcune donne e con Maria, la madre di Gesù.

La Madre che ha dato se stessa perché il Verbo si facesse carne in lei, doveva anche essere presente nel momento in cui al Capo veniva a unirsi tutto il suo corpo. La Chiesa vive della vita di Cristo, quindi della vita della Madre di Cristo.

Il Regno di Dio

1. Il Regno di Dio non è di questo mondo

Rispose Gesù a Pilato: «Il mio regno non è di questo mondo; se fosse di questo mondo, i miei servitori avrebbero combattuto perché non fossi consegnato ai Giudei... Per questo io sono nato e per questo sono venuto nel mondo: per rendere testimonianza alla verità. Chiunque è dalla verità ascolta la mia voce».

Il Regno dei cieli ha una logica non umana, ma divina. Siamo chiamati ad attuarlo: *non* facendo tante cose, *ma* amando di più, *non* distruggendo il passato, *ma* edificando il presente, *non* vanificando i precetti, *ma* approfondendone lo spirito, *non* obbedendo con tristezza, *ma* godendo ed esultando, *non* giudicando chi sbaglia, *ma* umiliandoci davanti a Dio!

2. Farci piccoli, per entrare nel Regno di Dio

«Il regno dei cieli si può paragonare a un granellino di senapa, che un uomo prende e semina nel suo campo. Esso è il più piccolo di tutti i semi ma, una volta cresciuto, è più grande degli altri legumi e diventa un albero, tanto che vengono gli uccelli del cielo e si annidano fra i suoi rami».

Saremo benedetti da Dio il giorno in cui capiremo che il Regno di Dio non è nelle grandi cose, ma nei piccoli

eventi, e che la vera ricchezza e potenza del popolo di
Dio sono le scelte di umiltà e di piccolezza, di povertà e
di debolezza, di misericordia e di pazienza.

3. Annunciare il Regno di Dio a tutto il mondo

*«Andate e ammaestrate tutte le nazioni, battezzando-
le nel nome del Padre e del Figlio e dello Spirito Santo,
insegnando loro ad osservare tutto ciò che vi ho comandato. Ecco, io sono con voi tutti i giorni, fino alla fine
del mondo».*

Gesù ci stimola ad andare, a prendere l'iniziativa, ad
avvicinare i lontani, ma c'insegna anche ad aspettare,
perché non sempre i tempi nostri sono i tempi di Dio;
non limitarci a chi ci è più simpatico, ma accostare tutti
con amore e senza preconcetti.

4. Il Giudizio finale

*«Venite, benedetti del Padre mio, ricevete in eredità il
regno. Perché io ho avuto fame e mi avete dato da mangiare...: ogni volta che avete fatto queste cose a uno solo
di questi miei fratelli più piccoli, l'avete fatto a me».*

Nel Regno di Dio noi siamo ammessi a vivere della
vita stessa di Dio, che è visione e partecipazione all'A-
more che Padre e Figlio si donano nello Spirito. Chi sulla terra si è allenato ad amare servendo l'affamato, il fo-
restiero, il malato..., nella gloria di Dio è capace di contemplare e godere l'Amore.

5. Il Regno di Dio nella Vita eterna

*Quando tutto gli sarà stato sottomesso, anche lui, il
Figlio, sarà sottomesso a Colui che gli ha sottomesso
ogni cosa, perché **Dio sia tutto in tutti**.*

Il Regno di Dio è Gesù Cristo, nel quale e per il quale tutto è stato fatto, il Primogenito della creazione, il Capo del Corpo mistico, lo Sposo della Chiesa immacolata, che ha redenta e santificata nel Suo sangue, il buon Pastore che dà la vita per le pecore!

Indice

Stampa: Colle Don Bosco